CATALOGUE

D'UNE

TRÈS BELLE RÉUNION

D'OBJETS D'ART

ET CURIOSITÉS,

BELLE HORLOGE ASTRONOMIQUE ET PLANÉTAIRE,

BELLE STATUE EN IVOIRE,

Sculptée par Pradier,

Objets bizantins, Reliquaires, Croix, Ostensoirs, Objets en ivoire et bois sculpté, Statues et Statuettes, Bas-Reliefs des VIIme, XVme et XVIme siècles, Émaux de Limoges, Bénitiers, Tableaux, etc ; Coupes et Vases en cristal de roche, cornial et agate oriental', très beaux Groupes et Statuettes en biscuit de porcelaine de Sèvres et autres ; Porcelaines de Sèvres, de Saxe et d'Allemagne ; Cabarets, Tasses, Vases, Groupes et Figurines ; Pendules de Boule, en bronze doré, en biscuit, etc., parmi lesquelles la magnifique horloge, garnie richement de bronze doré de 2 mètres 30 centimètres de haut ; Bronzes, Grands Candelabres, Feux, Flambeaux, etc., Meubles en bois rose, acajou, laque et autres garnis de bronze, époques Louis XV et XVI, Objets divers, Faïences de Bernard Palissy, de Faenza, Armes orientales, Deux grands et beaux Vases de Sèvres avec Cartouches peints par Demarne,

DONT LA VENTE AUX ENCHÈRES PUBLIQUES AURA LIEU

HOTEL DES VENTES MOBILIÈRES,

RUE DES JEUNEURS, N° 42,

Salle n. 5.

LES LUNDI 5, MARDI 6 ET MERCREDI 7 DÉCEMBRE 1853,

à midi.

Par le ministère de Me **RIDEL**, Commissaire-Priseur,
rue Saint-Honoré, 335,

Assisté de M. **MANNHEIM**, M^d de Curiosités, rue de la Paix, 10,

Chez lesquels se distribue le présent Catalogue.

—∞—

EXPOSITION PUBLIQUE

Le Dimanche 4 Décembre 1853, de midi à quatre heures.

1853

ORDRE DES VACATIONS :

Le Lundi 5 décembre 1853. — Emaux bizantins et de Limoges.

Le Mardi 6. — Pendules, Ivoire et Bois sculpté, Objets divers.

Le Mercredi 7. — Porcelaines, Meubles, etc.

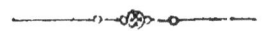

CONDITIONS DE LA VENTE :

Les acquéreurs paieront en sus des adjudications, cinq centimes par franc, applicables aux frais de la vente.

CATALOGUE

D'OBJETS D'ART

ET DE CURIOSITÉ.

OBJETS BIZANTINS.

1 — Un Buste, grandeur nature, en cuivre repoussé et doré, couronné d'un bandeau en filigrane enrichi de pierreries, ayant contenu les reliques de Radegonde, reine de France, fille de Bertaine, roi de Thuringue, née en 519, fondatrice de l'abbaye de Sainte-Croix, à Poitiers.

2 — Une Châsse en cuivre champlevé, émaillé et doré, fond bleu, et sujets gravés représentants les rois Mages; cette pièce est remarquable par sa belle conservation.

3 — Une autre belle châsse, grande dimension, d'une belle conservation, représentant la Crucifixion; la crête est ornée de trois cabochons en cristal de roche.

4 — Une Châsse, forme longue, toute en bronze, à sujets gravés sur fond émaillé, représentant dans des médaillons ronds bordés d'émail rouge, des anges et saints martyrs; le fermoir se termine par une tête d'animal chimérique d'une grande finesse.

5 — Une petite Châsse émaillée et à crête, d'une parfaite conservation, à sujets gravés, la Résurrection, à têtes en relief.

6 — Une grande Châsse à crête et fond gravé et doré, sur le devant se trouve six figurines de saints en relief et émaillé, et à cabochons intercallés; au revers des bustes d'anges dans des médaillons émaillés.

7 — Une petite Châsse à crête entièrement en bronze, à huit médaillons de chaque côté gravé et doré sur fond émaillé.

8 — Une Châsse à sujets saints, en relief d'un côté et à cabochons; au revers, des saints gravés et dorés sur fond émaillé.

9 — Un petit Reliquaire à crête, à médaillons contenant des roses mystiques en relief, sur fond émaillé; objet d'une bonne conservation et très curieux.

10 — Un autre petit Reliquaire forme de châsse à crête, à six figures de saints en relief et émaillés, intercallées de cabochons, au revers des médaillons contenant des étoiles émaillées en blanc.

11 — Une petite Châsse à crête ornée de cabochons et à bandes repoussées, au revers des médaillons gravés, buste d'anges sur fond émaillé.

12 — Une petite Châsse à crête et émaillée, ornée de figurines en relief.

13 — Un tout petit reliquaire, forme carrée, très rare, à charnière et fermoir, à sujets saints gravés sur fond émaillé, le dessus orné de deux colombes.

14 — Un petit Vase servant à contenir les saintes huiles, forme de lampe à deux couvercles brisés par le milieu, et se terminant en col de cygne en bronze, champlevé et émaillé.

15 — Une Custode émaillée, surmontée de sa croix, à médaillons, au monogramme de Jésus, sur fond blanc.

16 — Une Custode émaillée, fond gros bleu, à médaillons à étoiles, sur fond bleu turquoise.

17 — Une Custode émaillée, fond gros bleu à étoiles émaillées en blanc et bleu turquoise.

18 — Une Custode émaillée, à médaillons ornés de la rose mystique, variée de couleur.

19 — Une Custode émaillée à médaillons, au monogramme de Jésus.

20 — Une Custode émaillée surmontée de sa croix.

21 — Une autre, même genre.

22 — Trois pièces provenant d'un reliquaire, les deux côtés et le devant à sujets gravés sur fond émaillé.

23 — Une plaque provenant d'un reliquaire à sujets gravés et fond émaillé.

24 — Une plaque bizantine provenant d'une couverture de livre; sujet, la Crucifixion, gravée sur fond émaillé.

25 — Une Croix fond émaillé et Christ en relief, tout bronze.

26 — Une Croix fond émaillé et Christ en relief, les draperies et la couronne ornés d'émaux imitant des turquoises en relief.

27 — Une très grande Croix, fond émaillé, le Christ en relief et les draperies émaillées, au revers un beau médaillon de forme elliptique, sujet saint gravé et doré sur fond émaillé.

28 — Une très grande Croix en bois, entièrement recouverte de cuivre repoussé, ornée de fleurs de lys et sujets saints, le Christ en relief et les draperies émaillées.

29 — Une grande Croix en bois, recouverte de cuivre repoussé, à fleurs de lys et ornée de médaillons, et Christ émaillé.

30 — Une Croix en bois et cuivre repoussé, à Christ en relief, à draperie émaillée et ornée de cabochons.

31 — Une petite Croix en bronze émaillé et Christ en relief.

32 — Une grande Croix cylindrique en bois, recouverte de bronze, à Christ en relief et ornée de fleurs de lys en relief, et de cabochons imitant des pierres précieuses.

33 — Une Croix en bronze doré, les bouts en forme de fleurs de lys, sont ornés de médaillons émaillés, les saints évangélistes, au centre le Christ en relief en repoussé, et au revers l'Agneau pascal.

34 — Une très grande Croix en bois, recouverte en cuivre repoussé, à ornements d'une belle composition, le Christ et les insignes des saints évangélistes, de même en repoussé.

35 — Une grande Croix en bois, entièrement recouverte de cuivre, à ornements repoussés, à glands de chêne.

36 — Une Croix en bois, recouverte en bronze argenté, le Christ au centre, et des figurines de saints aux écoinçons en relief.

37 — Une très grande Croix en bois, recouverte de cuivre à ornements repoussés, le Christ est en relief.

38 — Une Croix archiépiscopale en bois, recouverte en bronze gravé et ornée de cabochons.

39 — Une Croix en bronze gravé, les bouts en forme de lys, le Christ et saints personnages en relief.

40 — Une grande Croix en bois, recouverte en cuivre gravé et doré, et sujets en relief.

41 — Une Croix en bois, recouverte en bronze gravé à arabesques et doré, et ornée de chatons.

42 — Une Croix en bois, recouverte de bronze émaillé en partie.

43 — Une Croix en pierre lithographique, à Christ au centre en relief, travail byzantin et à inscriptions.

44 — Un très grand Reliquaire forme chapelle, en cuivre jaune, gravé et à monogramme.

45 — Un Reliquaire forme chapelle et monté sur piédouche, en cuivre jaune gravé.

46 — Un Reliquaire forme chapelle sur piédouche, en cuivre jaune à monogramme.

47 — Un Ostensoir forme carrée, sur piédouche à nœud, orné d'émaux de Limoges, Bustes blanc sur fond noir.
48 — Un Ostensoir forme carrée, surmonté de sa croix et sur piédouche à nœud, orné d'émaux de Limoges, le tout sur cuivre jaune.
49 — Un Ostensoir en cuivre gravé et doré, forme ronde, à rayon, surmonté de sa croix, et sur piédouche à pans coupés, et nœud orné d'émaux.
50 — Un Ostensoir forme ogivale, en cuivre gravé et argenté.
51 — Un Reliquaire forme carrée, en cuivre gravé.
52 — Deux Reliquaires formes différentes, en cuivre gravé.
53 — Deux autres Reliquaires de formes différentes, dont un doré.
54 — Deux Pièces en cuivre repoussé et doré, un saint-Ciboire et un Calice.
55 — Deux Pieds de Calice, dont un gravé et doré, et l'autre repoussé.
56 — Un Médaillon rond en cuivre repoussé et doré, le Lion de Saint-Marc.
57 — Vingt-six Pièces en bronze bizantin en partie émaillée provenant de reliquaire, etc., qui seront vendues par lots.

OBJETS EN IVOIRE SCULPTÉ.

58 — Une Statue en ivoire sculpté : Léda, dont les draperies, collier, bracelets et cercles sont en or, enrichis de turquoises, et pesant 1 kil. 566 gram. ; le cygne est en argent repoussé, hau-

teur 66 centimètres. Cette magnifique pièce, unique dans son genre, a été exécutée par notre célèbre et très regretté sculpteur Pradier; l'orfévrerie sort des ateliers de M. Froment-Meurice.

59 — Une Statuette en ivoire sculpté, représentant Montézuma; figure d'homme nu, drapé de plumes et couronné; posant son pied gauche sur un poisson. Travail très fin du XVIe siècle.

60 — Une Statuette en ivoire sculpté : Jésus prêchant.

61 — Une autre Statuette : le Christ à la Colonne.

62 — Une Statuette en ivoire sculpté : Saint Sébastien.

63 — Un Groupe en ivoire sculpté : Sainte-Vierge et l'Enfant-Jésus.

64 — Un Gobelet en ivoire, ouvrage de tour, époque Louis XIII.

65 — Neuf Bas-Reliefs en ivoire sculpté : sujets saints, travail très curieux du VIe au VIIe siècle. Cette réunion remarquable, est enchâssée dans un cadre en ébène.

66 — Un Diptyque en ivoire sculpté : la Crucification et une Descente de Croix, travail du XVe siècle, dans un cadre à moulures en bois noir.

67 — Un Diptyque en ivoire sculpté à quatre compartiments. Sujets saints, travail curieux du XIVe siècle.

68 — Un Diptyque en ivoire sculpté : sujets saints.

69 — Un Médaillon rond en ivoire sculpté, divisé en quatre compartiments : sujets galants très fins de travail, du XIVe siècle.

70 — Un Médaillon rond : Centaure sculpté en ronde bosse.
71 — Une Paix en ivoire sculpté : sujets de la passion.
72 — Un Bas-relief ivoire sculpté : Sainte-Famille et sainte Thérèse.
73 — Un Groupe ivoire sculpté : Buste de Sainte-Vierge et l'Enfant-Jésus.

SCULPTURES EN BOIS.

74 — Deux Groupes d'Enfants en bois doré.
75 — Une Figure de Sainte, d'une très bonne exécution, et coiffure d'une finesse remarquable, bois sculpté du XVIe siècle.
76 — Une Figure de Sainte en buis sculpté; elle est représentée assise et levant les yeux au ciel, belle pose et bonne exécution.
77 — Un Groupe de Sainte-Vierge et l'Enfant-Jésus, en corne de rhinocéros.
78 — Un Bassin, contenant la Tête de saint Jean en bois sculpté et peint.
79 — Un Groupe en bois sculpté et peint : Sainte-Vierge tenant le Christ sur ses genoux, sur console de même en bois sculpté.
80 — Un Coffre de mariage en bois, orné de colonnette, de têtes de lion et d'inscriptions.
81 — Deux très grands Tableaux en bois sculpté, peints sur fond doré : sujets saints, travail du XVe siècle.
82 — Deux Figures en bois sculpté : Pauvres.

83 — Trois Figures de Mendiants, ivoire et bois sculpté.

ÉMAUX DE LIMOGES ET AUTRES.

84 — Un Diptyque, forme cintrée orné d'émaux, sujets saints coloriés très fins, et d'une belle composition ; chaque côté divisé en quatre compartiments, et les cintres ornés de blasons de cardinal, et portant le nom A. REGIN.

84 bis. — Un Email sur paillon, Sainte-Vierge et l'Enfant-Jésus, rehaussé d'or.

85 — Un Tableau peint sur émail de Limoges, divisé en neuf compartiments, ornés de figures de saintes et martyrs, et portant un monogramme en majuscules enlacées ; cadre à moulure, doré en partie.

86 — Deux Tableaux peints en grisaille de Limoges : la Crèche et la Circoncision, teintés en partie et rehaussés d'or, cadres bois doré.

87 — Portrait de Louis XII, émail colorié de Limoges rehaussé d'or.

88 — Portrait d'homme peint sur émail de Limoges, costumé de l'époque de Henri II.

89 — La Pâque, peinture sur émail de Limoges coloriée, bordure sculptée et dorée.

90 — Un Bénitier forme carrée, en bois sculpté, doré et peint en partie, contenant, au centre, le portrait du Sauveur, peint en grisaille rehaussé d'or.

91 — Portrait ovale d'un saint martyr, peint en grisaille rehaussé d'or, cadre sculpté et doré.

92 — Email de Limoges colorié, forme carrée : Saint Evêque agenouillé devant un autel ; cadre sculpté et doré.

93 — Un Tableau ovale, peint en grisaille sur Limoges : Sainte-Vierge et l'Enfant-Jésus, un groupe d'anges dans les cieux ; cadre sculpté et doré.

94 — Un Email de Limoges colorié, forme ronde : le Christ au pied de la croix, et la Vierge aux sept-douleurs agenouillée près de lui.

94 bis. — Deux Tableaux carrés émail colorié, blasons.

95 — Le Christ à la Croix et Sainte Madeleine en pleurs, peinture coloriée de Limoges.

96 — Deux petits portraits carrés, Sainte et Saint martyrs agenouillés, peinture coloriée de Limoges, cadres en racine de bois et moulures noires.

97 — Deux petits tableaux ovales, Saintes, peinture coloriée sur émail de Limoges, cadres noirs gauffrés.

98 — Saint Jean et l'Agneau pascal, peinture coloriée de Limoges.

99 — Sainte Femme et un Ange, peinture coloriée de Limoges.

100 — L'Annonciation, peinture de Limoges très fine, coloriée et rehaussée d'or.

101 — Saint personnage, émail colorié de Limoges.

102 — Sainte Vierge, émail grisaille rehaussé d'or.

103 — Saint personnage, émail fin colorié et rehaussé d'or.

104 — Une Paix, émail de Limoges, colorié, monture en cuivre.

105 — Portrait du Christ enfant, émail de Limoges, colorié très fin et rehaussé d'or.

106 — Une Tasse et sa Soucoupe, émail de Limoges, colorié.

107 — Un petit Plateau rond en émail de Limoges, grisaille : une tête barbue et laurée au centre. Cet objet paraît avoir appartenu à une salière.

108 — Deux Salières, émail de Saxe, fond pistache et médaillons paysages.

109 — Un Bénitier, bois sculpté et doré, au centre un émail de Limoges ovale : Ascension de la Vierge, grisaille.

110 — Un autre Bénitier, bois sculpté et doré, au centre un émail de Limoges colorié : Sainte Femme martyr.

111 — Un tableau carré, émail de Limoges, colorié : Sainte abbesse, baronne de Chantal, cadre sculpté et doré.

112 — Un tableau carré, émail de Limoges, colorié : Saint François Xavier mourant sur une plage étrangère.

113 — Un tableau ovale, émail de Limoges, colorié : Saint Jean dans le désert, cadre sculpté et doré.

114 — Un grand et joli bénitier, émail de Limoges, au centre l'Ascension de la Vierge, peinture coloriée et à blason.

115 — Un autre Bénitier en émail de Limoges, au centre Sainte Madeleine, peinture coloriée.

116 — Un tableau, émail de Limoges, colorié : Saint François de Salles.

117 — Portrait de saint Ignace de Loyola, émail de Limoges, teinté.
118 — Portrait de saint Bénédict, émail de Limoges, teinté, cadre sculpté et doré.
119 — La Mère de la Charité, peinture coloriée de Limoges.
120 — Sainte Catherine, peinture coloriée sur émail de Limoges, cadre sculpté et doré.
121 — Sainte Thérèse, peinture coloriée de Limoges, cadre sculpté et doré.
122 — Une peinture coloriée sur émail de Limoges : Sainte Reine, martyre, cadre à jour et doré.
123 — Deux tableaux carrés, peints sur émail de Limoges colorié : Saint et Sainte, martyrs, cadres à jours et dorés.

OBJETS EN MATIÈRES DURES.

124 — Une Coupe ovale en agate orientale blonde, montée en bronze doré à anses serpents et sur quatre pieds à griffes.
125 — Une Coupe ovale en agate orientale mamelonnée, montée en bronze doré ; le piédouche est formé d'un enfant monté à califourchon sur un animal chimérique.
126 — Une Coupe ronde en agate blonde, monture ancienne dorée.
127 — Une Coupe en cristal de roche, forme lampe à gaudrons.
128 — Une petite Coupe ronde sur piédouche en cristal de roche taillé.

129 — Une Coupe en jade blanc, forme lampe antique, le gros bout taillé en tête chimérique.
130 — Une grande Coupe ronde en corniol. (Cassée).
131 — Une autre Coupe plus petite, cassée de même.

BISCUITS DE PORCELAINE.

132 — Deux très grandes et belles Statues, femmes drapées s'appuyant sur des fûts de colonnes, et tenant l'une un livre et l'autre un colombe.
133 — Deux jolies Figurines de femmes à demi couchées, l'une tenant une coquille et l'autre jouant aux osselets, sur socles ovales gros-bleu en Sèvres dorée.
134 — Un très joli groupe de quatre figurines d'Enfants finement exécuté, sur socle fond noir et médaillons, porcelaine de Wurtemberg.
135 — Petit groupe de Bergers trayant une chèvre.
136 — Petit groupe de Bergers, genre Boucher.
137 — Deux grands et très jolis groupes de Nymphes sortant du bain, sur socles ronds, même nature.
138 — Deux groupes de Femmes agenouillées, l'une tenant un enfant sur ses genoux, l'autre accompagnée d'un chien.
139 — L'Amour et Psyché, groupe de figures debout.
140 — Deux groupes de trois figures chacun, la Brouille et le Raccommodement, sur socles ronds, même nature.
141 — Deux autres groupes, mêmes sujets, mais d'une autre pose et composition.

142 — Un groupe : Amour aiguisant ses flèches.
143 — Groupe de deux figures : Amour blessé par des Abeilles.

PORCELAINES DE SAXE ET D'ALLEMAGNE.

144 — Un très joli pot-pourri en porcelaine de Saxe, composé d'un vase et deux figurines, sur socle rocaille et en bronze ciselé et doré.
145 — Deux grands et beaux Cygnes, en ancienne porcelaine de Saxe.
146 — Un petit groupe en Saxe : le Tailleur monté sur un Bouc.
147 — Une belle figure de Musicien, assis et donnant du cor, porcelaine très fine d'Allemagne, rehaussée d'or.
148 — Un grand groupe composé de neuf figures en porcelaine d'Allemagne coloriée, représentant les Saisons.
149 — Un groupe en porcelaine de Hoechst, les petits Voleurs de fruits.
150 — Sept figurines en porcelaine de Saxe, jeunes Enfants. Seront vendues séparément.
151 — Trois tout petits Groupes en porcelaine de Furstemberg : Scènes de cabaret et Rendez-vous.
152 — Une Niche à chien et trois Chiens combattants, groupe en porcelaine de Saxe, d'une composition très originale.
153 — Plusieurs cabarets et porcelaines détachés. Seront vendus par lots.

PENDULES.

154 — Horloge astronomique et planétaire, exécutée par Castel, commencée en 1763 et terminée en 1779. Cette pièce, unique, remarquable par sa dimension, sa belle forme, et l'exécution de ses bronzes, mérite sous tous les rapports, l'attention de MM. les amateurs. Mais comme toute description de cette pièce capitale eût été de beaucoup au-dessous de ce que nous aurions pu en dire, nous avons préféré y joindre le dessin, haut. : 2 m. 30 cent.

155 — Une très grande et belle Pendule en bronze doré; sujet Lion portant le mouvement sur son dos, sur un très grand socle carré en écaille, enrichi d'ornements en bronze doré, destiné à contenir une musique.

156 — Une très grande et belle Pendule en biscuit de porcelaine, Vénus et l'Amour, enrichi d'ornements finement ciselés en bronze doré au mat.

157 — Une Pendule à quatre cadrans, et un Thermomètre à deux cadrans, montés en bronze doré, et réunis sur un seul socle, enrichi d'un blason et d'un bas-relief en bronze doré; objets très curieux d'horlogerie, époque Louis XVI.

158 — Une Pendule en bronze doré, époque Louis XVI, Enfants montés sur des chèvres.

159 — Une grande Pendule en marbre blanc, à pilastres ornés de bronze finement ciselé et doré au mat, et enrichie de nombre de petits camées médaillons en Wedgwood.

160 — Une grande Pendule en bronze doré au mat et à cadran tournant, forme trépied, les pieds se terminant en tête de Pégase, et supportée par des chiens couchés vomissant des jets d'eau dans des bassins, le bas orné de bas-reliefs d'enfants.

161 — Une Pendule à cadran tournant, représentant un Temple, le bas supporté par des colonnes cannelées, et la coupole par des cariatides de femmes séparées par des guirlandes de fleurs en festons ; le haut de la coupole est orné d'un Amour ; tous les ornements sont en bronze doré au mat.

162 — Une petite Pendule en bronze doré ; le tambour contenant le mouvement est supporté par trois amours se terminant en Thermes, époque Louis XV.

163 — Une Pendule à colonnes en bronze doré, époque du consulat.

164 — Une très jolie petite Pendule et ses Candelabres, époque Louis XVI ; la pendule, en marbre blanc, est surmontée d'un enfant assis sur une chèvre, et de chaque côté du cadran deux figurines de femmes en bronze vert antique ; le reste des ornements, ainsi que le groupe du couronnement, sont en bronze doré au mat ; les candelabres sont formés de figurines de femmes en bronze antique, supportant des cornets à trois branches, se terminant en rinceaux ; socle en marbre blanc.

165 — Une petite Pendule forme vase, à anses cariatides de femme, en biscuit de porcelaine.

166 — Une Pendule marbre blanc et bronze doré au mat, à ornements, époque Louis XVI.

167 — Une Pendule forme religieuse, à pilastres, surmonté d'un groupe en bronze; le cadran contient 24 numéros. Objet très curieux de modèle et d'horlogerie.

168 — Une petite Pendule et sa console, forme cintrée, bois noir, et richement garnie d'ornements rocaille en bronze.

169 — Une Pendule forme droite et sa console, travail de Boule, cuivre sur écaille, richement garnie de bronze.

170 — Une Pendule forme cintrée et sa console, en corne verte, richement garnie de bronze rocaille.

171 — Une Pendule forme cintrée et sa console, en bois vernis et richement garni de bronze rocaille.

172 — Une Pendule dite religieuse, marqueterie de trois parties.

173 — Un très grand Cartel, en bronze, époque Louis XV.

174 — Un Cartel forme de médaillon, à cadre en bronze repoussé à fleurs et doré; le cadran montre les phases de la lune; travail époque Louis XIII.

175 — Une Pendule modèle puits; le puits en marbre bleu turquin, le tambour et cordages en bronze doré.

176 — Une Pendule carrée en bronze, à quatre colonnettes et galerie à jour.

177 — Une Pendule en bronze doré au mat, char de triomphe.
178 — Une Pendule à figures en marbre blanc, bronze au mat, époque Louis XVI.
179 — Une petite Pendule en marbre blanc et bronze doré, ornée de deux petites colonnes en bleu turquin.
180 — Une Pendule à cage en acajou, garnie de bronze doré au mat.
181 — Un Cartel en bronze, époque Louis XV.

BRONZES.

182 — Une paire de grands Candelabres de coin de salon, en bronze doré, ornés de trois figures de femme au vert antique, supportant les lumières.
183 — Huit Candelabres girandoles, colonnes carrées en porcelaine et rinceaux à cinq lumières en bronze doré au mat, Louis XVI ; pourront être vendus séparément.
184 — Deux Candelabres en bronze doré en partie, figures de nègres supportant les lumières.
185 — Deux petits Bras de cheminée à deux branches, bronze doré à têtes de béliers, époque Louis XVI.
186 — Deux paires de Bras à deux lumières, en bronze doré, surmonté d'une figurine d'enfant et médaillon, portrait d'empereur.
187 — Une paire Girandoles à trois branches, en cuivre argenté.

188 — Environ six paires Flambeaux, époque Louis XVI, tant argenté que doré; seront divisées.

189 — Deux paires de Cassolettes en bronze doré au mat; seront vendues séparément.

MEUBLES.

190 — Un très beau meuble Bonheur-du-jour, époque Louis XVI, en bois d'acajou, forme cintré sur les côtés, enrichi de bronze, et orné de quatre colonnes cannelées en marbre blanc; ce meuble, élégant de forme, contient quantité de tiroirs à secret.

191 — Un Meuble à hauteur d'appui en acajou, à deux ventaux vitrés, garni de bronze très fin, et à dessus de marbre blanc, époque Louis XVI.

192 — Une console en bois d'acajou, richement garnie de bronze, même époque.

193 — Une Table-toilette en bois satiné, garnie de bronze, même époque.

194 — Une autre Table-toilette en bois satiné, frisé d'amaranthe.

195 — Une Commode forme contournée, en laque rouge, garnie de bronze modèle rocaille, à deux tiroirs.

196 — Une Commode forme contournée, en marqueterie de bois à quadrille et rosaces, garnie de bronze rocaille.

197 — Un Secrétaire forme contournée; le bas à deux ventaux; le haut fermant, à portes brisées à coulisse; le tout en bois rose.

— 22 —

198 — Un Bureau à dos d'âne, en bois violet.

199 — Une Table à ouvrage, en marqueterie de bois, modèle rognon, sur pied rond et droit, à deux tiroirs et tiroirs de côté.

200 — Une Console en acajou, garnie de bronze, époque Louis XVI.

201 — Un petit Cabinet et sa console, en ébène sculpté, contenant des tiroirs qui sont, ainsi que les portes, intérieurement garnis d'ivoire sculpté à ornements en relief.

202 — Un grand Coffre de mariage adhérant à sa table-support, forme carrée, le tout en bois d'acajou garni de bronze très fin doré au mat, et enrichi de deux grandes et belles plaques en porcelaine de Sèvres, imitant les camées, figures blanches en relief sur fond bleu grisâtre, époque Louis XVI.

203 — Un Bonheur-du-jour en bois d'acajou; le haut à deux vantaux ornées de médaillons Sèvres, genre Wedgwood, et garni de bronze très fin et doré.

204 — Quatre Glaces du même modèle, forme cintrée, cadre en scaliola à colonnes, ornées de bois sculpté et doré; pourront être vendues séparément.

205 — Deux grands Vases modèle dit Cordelier, en porcelaine de Sèvres, fond gros bleu, cartouches de paysages, peints par Demarne, vues de la forêt de Fontainebleau pendant une chasse de l'empereur Napoléon Ier, exécuté d'après les ordres de S. M. pour la reine Hortense (extrait

du registre de la Manufacture de Sèvres, n° 46, en 1811), sur colonnes forme carrée en acajou, richement ornées de bronzes dorés au mat.

OBJETS DIVERS.

206 — Environ treize Vitraux des XVIe et XVIIe siècles, sujets saints et blasons d'une belle conservation; seront divisés.

207 — Une très belle Coupe forme ovale comprimée, contenant à l'intérieur une figure de femme couchée; magnifique échantillon de Bernard Palissy.

208 — Un Plat ovale à bas-relief de Bernard Palissy; le Lavement des pieds.

209 — Un autre, même dimension, faisant pendant au précédent; la Femme adultère, même maitre.

210 — Une Hache d'arme orientale, en damas richement damasquiné d'or.

211 — Un Sceptre en acier damasquiné argent, travail oriental.

212 — Une Figurine de petit saint Jean couché, se reposant sur une tête de mort; sculpture italienne très belle en marbre blanc.

213 — Un grand Vase à mandarins, monté en bronze doré.

214 — Deux autres petits non montés.

215 — Une Vénus couchée, sculpture en marbre blanc.

216 — Un Plat en étain en relief; travail suisse, par Briot.

217 — Une Aiguière et son plat, à ornements en relief ; travail suisse.
218 — Sept Assiettes et Bas-reliefs, en étain ; seront divisés.
219 — Un Vase en métal de cloche, portant la date de 1572.
220 — Quatre Vases ou Pots à tabac forme ronde et à couvercles, en métal de cloche, à ornements en relief ; seront vendus séparément.
221 — Sous ce numéro seront vendus les objets omis au présent Catalogue.

CATALOGUE

D'UNE

TRÈS JOLIE COLLECTION

D'OBJETS D'ART

ET DE CURIOSITÉ.

DÉSIGNATION

1 — Une causeuse et six fauteuils bois doré, style Louis XVI, recouverts en ancienne soierie rouge.

2 — Une causeuse et quatre fauteuils, idem.
 Ce meuble de salon, fraîchement doré et recouvert, est d'une grande pureté de style et de finesse.

3 — Une table Louis XVI, bois sculpté fraîchement doré avec son marbre ancien brèche d'Alep.

4 — Une magnifique glace de Venise avec cadre ancien en bois sculpté et fraîchement doré.

5 — Une grande pendule forme vase avec deux Enfants en bronze doré.

DEBUT DE PAGINATION

6 — Deux candelabres, Enfants portant chacun un bouquet de lis, à six lumières, en bronze doré.

7 — Un paravent de cheminée en bois sculpté et doré, style Louis XVI.

8 — Un grand guéridon en bois doré, le pied garni de plaques de granit supportant une grande plaque de porphyre oriental rouge.

9 — Une magnifique commode ancienne en bois rose, garnie de riches bronzes dorés, style Louis XVI.

10 — Un secrétaire ancien en bois rose, style Louis XVI, garni de bronzes dorés.

11 — Un mortier en porcelaine de Sèvres, pâte tendre, décoré de bouquets de roses.

12 — Une très riche et belle écuelle de Sèvres, porcelaine pâte tendre et ancien décor de la plus belle époque.

13 — Une tasse trembleuse en porcelaine de Sèvres, pâte tendre, décor bleu au grand feu et paysages.

14 — Une grande tasse litron en porcelaine de Sèvres, pâte tendre, décor ancien.

15 — Une grande tasse litron en porcelaine de Sèvres, pâte tendre, ancien décor.

16 — Une grande tasse en porcelaine de Sèvres, pâte tendre, ancien décor bleu et or.

17 — Deux tasses en porcelaine de Sèvres, pâte tendre, décor bleu avec médaillons.

18 — Un sucrier, idem.

19 — Une théière, idem.

20 — Un pot à lait, idem.

21 — Un plateau en porcelaine de Sèvres dure, à bordure découpée et monture en bronze doré.

22 — Une paire de vases en porphyre de Suède, monture en bronze doré.

23 — Deux socles en granit, monture en bronze doré.

24 — Une paire de vases en marbre vert et jaune antique, monture en bronze.

25 — Quatre salières.

26 — Deux raviers.

27 — Six pots à crème.

28 — Six pots à jus.

29 — Six magnifiques assiettes, décors à bouquets très riches.

30 — Une assiette fond vert, décor ancien à oiseaux.

31 — Une cruche à feuillage, faïence de Nevers.

32 — Cinq vitraux anciens.

33 — Deux saladiers porcelaine de Sèvres, pâte tendre, décorés de bouquets de roses.

34 — Deux tasses cul-de-poule, porcelaine tendre, décorées de bouquets de roses.

35 — Un guéridon en porcelaine de Sèvres, pâte tendre, décoré.

36 — Deux autres guéridons en porcelaine de Sèvres, pâte tendre, décorés de bouquets de roses.

37 — Trois plats de Chine.

38 — Deux sucriers porcelaine de Sèvres, pâte tendre, décorés de fleurs.

39 — Douze coquetiers porcelaine de Sèvres, pâte tendre.

40 — Trois pots à couleurs en porcelaine de Sèvres, pâte tendre.

41 — Deux compotiers carrés en porcelaine de Sèvres, pâte tendre, en blanc.

42 — Deux moutardiers avec leurs plateaux et leurs cuillères en porcelaine de Sèvres, pâte tendre, décorés de roses.

43 — Deux saucières avec leurs plateaux en porcelaine de Sèvres, pâte tendre.

44 — Deux autres moutardiers avec leurs plateaux en porcelaine de Sèvres, pâte tendre.

45 — Deux bouts de table en porcelaine de Sèvres, pâte tendre, décorés de fleurs.

46 — Six pots à crème.

47 — Six pots à jus.

48 — Trois guéridons porcelaine de Sèvres, pâte tendre, décorés de bouquets.

49 — Deux grands sucriers avec leurs plateaux porcelaine de Sèvres, pâte tendre.

50 — Deux petites soucoupes en porcelaine de Sèvres, pâte tendre, décorées.

51 — Deux plateaux de Sèvres tendre à fleurs, bords gros bleu.

52 — Une grande tasse de Sèvres tendre, à guirlandes.

53 — Une grande tasse de Sèvres tendre, rubans roses et oiseaux.

54 — Une grande tasse de Sèvres tendre, ornements et pierreries.

55 — Deux sucriers en Sèvres, dont un tendre.

56 — Un pot à eau et sa cuvette en Sèvres ; le pot est fracturé.
57 — Une écuelle à raisins en relief, monture en bronze doré.
58 — Un cabaret en porcelaine de Sèvres dure, fond or et médaillons.
59 — Douze manches de couteaux en Sèvres tendre, bleu de roi et turquoise.
60 — Une tasse en porcelaine de Saxe, à Amours.
61 — Une tasse en porcelaine de Saxe, à Amours.
62 — Deux soupières bleu turquoise fracturées.
63 — Un pot à eau en faïence, genre Palissy.
64 — Un nombreux service en porcelaine des Indes.
65 — Trente assiettes et douze réchauds en porcelaine des Indes.
66 — Deux vases en faïence de Rouen.
67 — Deux vases en Japon.
68 — Trois statuettes de Saxe, fracturées.
69 — Deux bols en céladon rouge, monture très riche en bois sculpté.
70 — Deux vases de Chine, gros-bleu et or.
71 — Deux vases de Chine aventurinés.
72 — Un profil en bronze de Louis XV, sur fond de marbre.

73 — Une corbeille à pain en plaqué, argentée et dorée.
74 — Une aiguière et son bassin en cuivre arabe.
75 — Un lustre rocaille argenté.
76 — Deux bras Louis XV, bronze doré.
77 — Deux appliques Louis XVI, plomb doré.
78 — Un meuble crédence, marqueterie d'écaille et ivoire, Louis XIV
79 — Deux Amours en bois doré. Pendants.
80 — Deux figures en bois sculpté, demi-nature.
81 — Différents articles en verre de Venise.
82 — Un dyptique en ivoire sculpté, sujets saints, XVIe siècle.
83 — Un bas-relief en ivoire sculpté, saint personnage.
84 — Deux bas-relief en ivoire sculpté, sujets de chasse.
85 — Deux miniatures, sujets de sainteté; dans un cadre.
86 — Trois miniatures sur ivoire piqué d'argent.
87 — Une miniature, sacrifice d'Iphigénie.
88 — Un émail, la Famille de Darius.

89 — Quatre émaux, Femmes en costume de cour. Ce lot sera divisé.

90 — Une miniature, cadre en écaille, l'empereur Charles VII.

91 — Un bas relief en argent repoussé.

92 — Un dyptique en bois sculpté, sujet saint.

93 — Deux portraits anciens, peints sur cuivre.

94 — Un tableau de Saxe, oiseaux.

95 — Un portrait d'un lord, dessin.

96 — Un grand coffre en laque à couvercle cintré.

97 — Une montre en or émaillé, cadran décimal.

98 — Deux canons de fusils, travail oriental.

99 — Un écran bois sculpté, époque Louis XIV.

100 — Quantité de **Bijoux anciens,** montres garnies d'émaux, chaînes, châtelaines, belles tabatières, ornées d'émaux et de miniatures, bonbonnières, petits nécessaires, etc., etc.

www.ingramcontent.com/pod-product-compliance
Lightning Source LLC
Chambersburg PA
CBHW030106230526
45471CB00003B/1274